Couvertures supérieure et inférieure
manquantes

SERMON

PRONONCÉ A LA CONSÉCRATION

DE

L'ÉGLISE DE SAINT-ANDRÉ

SERMON

PRONONCÉ A LA CONSÉCRATION

DE

L'ÉGLISE DE SAINT-ANDRÉ

LE 5 JUIN 1865

PAR Mgr JACQUENET

PUBLIÉ AVEC L'AUTORISATION DE SON EMINENCE

REIMS

CHEZ P. DUBOIS, RUE DE L'ARBALÈTE, 9

Et chez tous les Libraires de la Ville

MDCCCLXV

SERMON

PRONONCÉ A LA CONSÉCRATION

DE L'ÉGLISE DE SAINT-ANDRÉ

Opus grande est, neque enim homini præparatur habitatio, sed Deo.

L'œuvre est grande, car ce n'est pas à un homme que l'on prépare une demeure, mais à Dieu.

(I. Livre des Paralipomènes, c. 31, v. 1.)

ÉMINENCE (1),

Ces paroles que le saint Roi David adressait à l'assemblée des Israélites, au sujet de la construction du temple de l'ancienne loi, me paraissent trouver ici une juste application. Elles planent, en effet, sur les diverses phases de l'entreprise dont nous célébrons l'heureux achèvement. Pourquoi ces vœux si longtemps manifestés par une nombreuse

(1) Mgr le Cardinal Gousset, Archevêque de Reims.

population ? Pourquoi ces discussions appro-
fondies au sein des conseils de la cité ?
Pourquoi ces longs travaux ? Pourquoi toutes
ces dépenses ? Pourquoi surtout l'auguste
cérémonie de ce jour, avec ses rites si mul-
tipliés et si instructifs ? Ah ! c'est qu'il s'agit
d'une œuvre importante ; ce n'est pas seulement à un homme, mais à Dieu, que l'on
prépare une demeure. Ces paroles sont encore l'expression sommaire des pensées qui
occupent ici tous les esprits, des sentiments
qui pénètrent tous les cœurs. Oui, tous nous
entrevoyons, tous nous pressentons quelque
chose de grand dans les destinées du monument que la religion, en la personne d'un
éminent et vénéré Pontife, vient de consacrer
sous nos yeux. *Opus grande est, neque enim
homini præparatur habitatio, sed Deo.*

Désirant servir vos intérêts les plus chers,
je voudrais, en quelques paroles, développer
et imprimer profondément en vous ces pensées et ces sentiments. Dans ce but, j'essaie-
rai de vous montrer, avec l'aide de Dieu,
avec la protection de la Sainte Vierge et de
saint André, patron de cette paroisse, d'a-
bord ce que cette nouvelle église est pour
Dieu, ensuite ce qu'elle est pour vous.

I.

Puisqu'il existe un Dieu, il y a une religion, qui nous enseigne ce qu'il est et comment il veut être honoré. Cette religion, relativement à nous, a sans doute son principe dans le cœur, mais elle ne doit pas y rester enfermée. Nous avons un corps aussi bien qu'une âme, et nous sommes membres d'une société : outre le culte intérieur, nous devons donc à Dieu un culte extérieur et un culte public ou social. Dès lors, il faut un lieu où les fidèles se rassemblent pour l'exercice de ce culte ; il faut, comme le nom l'indique, des *églises*. C'est afin de satisfaire à ces hautes exigences, que celle-ci a été construite. Or, en l'édifiant, vous avez procuré une grande gloire à Dieu ; car c'est sa maison, c'est la maison de la prière, c'est un grand acte de foi.

D'abord, c'est la maison de Dieu. — Pour comprendre la vérité et la valeur d'un pareil titre, cherchons à pénétrer le sens de cette construction. Sur un terrain, dont vous aviez la propriété, suivant nos idées humaines, vous avez tracé et réservé la part de Dieu :

proclamant ainsi sa souveraineté et reconnaissant, à lui aussi, son domaine temporel. Dans cet emplacement, vous lui avez élevé une demeure ; et, inspirés par la foi, vous n'avez rien épargné pour la rendre digne d'un tel Maître. Dieu, de son côté, a eu vos intentions pour agréables, et a daigné accepter votre offrande. Sous les auspices de la religion, lui, qui est immense, a pris possession de sa demeure sanctifiée. Selon son langage, dans l'Écriture, il y a attaché son nom ; il y manifestera sa présence spéciale par les prodiges de sa miséricorde et par l'éclat de sa gloire. Ses yeux se reposeront sur elle ; elle sera chère à son cœur, et il en prendra soin. Désormais, ce sera comme une tente dressée sur le chemin de l'exil, où il daignera converser avec vous, en attendant la réunion désirée dans la patrie. *Ecce tabernaculum Dei cum hominibus.* Ce sera comme le point de jonction entre la terre et le ciel. Bien plus, ce sera un nouveau paradis terrestre. Qu'était-ce, en effet, que l'ancien ? Un lieu de délices, où le premier Adam avait été placé, pour le garder et y travailler. Eh bien ! le second Adam, le chef de l'humanité régénérée, Jésus-Christ, résidera en personne et

CAHIER (S) OU FEUILLET(S) INTERVERTI(S) À LA COUTURE
RÉTABLI(S) À LA PRISE DE VUE
DE LA PAGE ... À LA PAGE ...

corporellement dans cette église ; il la gardera, en la remplissant de sa majesté ; il y travaillera, en y répandant ses bienfaits ; et il y trouvera ses délices, puisqu'il y sera avec les enfants des hommes. Voilà pourquoi, surtout, il est vrai de dire que cette église est la maison de Dieu ; voilà pourquoi l'inscription donnée par Jésus-Christ lui-même lui convient parfaitement : *Domus mea.* Comprenez-vous déjà quelle gloire vous avez rendue à Dieu par cette magnifique construction !

C'est aussi la maison de la prière. — Ce titre est une conséquence du précédent ; aussi Notre Seigneur ne les sépare point, dans l'Evangile : *Domus orationis.* Et, en effet, puisque l'église est la demeure de Dieu avec nous, elle doit être, de notre part, le lieu de l'adoration et de la louange, des accents du repentir et de la supplication. Sans doute, nous pouvons et nous devons faire des prières en notre particulier ; mais ces prières tirent surtout leur vertu de l'église, et elles ne nous dispensent point du grand devoir de la prière publique, qui s'accomplit seulement dans la maison de Dieu. Oui, l'église est le centre de la communion des fidèles. C'est ici que nous paraissons vraiment devant Dieu comme ses enfants, comme une famille de frères, lui offrant de concert, avec des cœurs renouvelés dans la charité mutuelle, l'hommage de notre commune dépendance. C'est ici que, plus près de Dieu, la foi se ranime, l'espérance se fortifie, la charité s'enflamme, et que l'encens de la prière s'élève ainsi plus pur, plus abondant et plus agréable vers le ciel. C'est ici que, par la vertu des rites sacrés d'une consécration solennelle, nos vœux deviennent plus ardents et trouvent un accès plus favorable auprès de Dieu. C'est ici que, séparés des distractions, des préoccupations du monde, et édifiés par tout ce que nous voyons, par tout ce que nous entendons, nous honorons Dieu plus dignement. C'est ici que, pendant que nous vaquons aux soins obligés de nos affaires temporelles, les ministres de la religion viennent prier à notre place, et que, chaque jour, ils offrent, en notre nom, le sacrifice eucharistique, la louange, la prière parfaite. Et puisqu'eux-mêmes ne peuvent point s'appliquer constamment aux fonctions saintes de la prière publique, le Pontife par excellence de la loi nouvelle, Jésus-Christ, est ici occupé sans cesse à louer, à prier pour nous son Père

céleste. Quelle gloire encore vous avez rendue, quelle gloire vous avez préparée à Dieu
en lui élevant cette maison de prières !

Cette église est enfin un grand acte de foi.
— Je ne rappellerai pas que tous les peuples
ont eu leurs monuments religieux, et que
sur tous ils ont imprimé le sceau de leurs
croyances. Non, sans insister sur cette obser-
vation générale, je dirai seulement qu'en
élevant cet édifice magnifique, vous avez fait
un acte de foi solennel, et très-agréable à
Dieu. Lisez, en effet, à la lumière de l'esprit
chrétien, quelques pages de ce livre, de ce
poème écrit sur la pierre. Qu'est-ce que cette
flèche si élancée, sinon la hampe puissante
qui porte triomphalement jusqu'aux nues
l'étendard de notre foi ? Qu'est-ce encore
que cette croix colossale formée par l'ensemble du monument, sinon l'expression de votre
foi au mystère de la rédemption et une
invitation continuelle à faire dominer cette
foi dans vos âmes et dans votre conduite ?
Considérez ensuite les détails. Voyez l'autel,
le saint tabernacle, ne signifient-ils pas : Je
crois en Jésus-Christ, et aux prodiges de son
amour pour nous ? Et cette chaire de vérité,
ne signifie-t-elle pas : Je crois la sainte

Eglise ? Les fonts du baptême, les tribunaux de la pénitence, ne disent-ils pas, en leur langage : Je crois aux sacrements ; je crois la rémission des péchés ? Et cette chapelle des morts, ne dit-elle pas aussi : Je crois la résurrection, je crois la vie future ? Oui, les pierres mêmes ont ici leur langage ; et, de leurs voix réunies, se forme un majestueux concert qui répond, par le *Credo* permanent de la terre, au *Sanctus* éternel des cieux.

Et remarquez que les circonstances donnent à cet acte de foi le caractère d'une protestation. C'est, en effet, au moment où une fausse science ose contester à Dieu sa personnalité ; c'est au moment où l'on essaie de ravir à Jésus-Christ son auréole divine ; c'est au moment où les ennemis de l'Eglise redoublent d'efforts pour la frapper dans son auguste Chef, que votre foi s'affirme d'une manière imposante dans ce monument, et dit, en un magnifique langage, qui confond l'impiété, l'apostasie et le machiavélisme conjurés : Oui, je crois en Dieu, je crois à Jésus-Christ, je crois l'Eglise Catholique Romaine !

Voilà, mes Frères, quelque chose de ce que cette nouvelle église est pour Dieu. C'est son paradis terrestre, c'est le temple où il reçoit le tribut béni de vos prières, c'est l'hommage solennel de votre foi et de votre confiance. Quelle gloire vous lui avez rendue, quelle gloire vous lui avez préparée en élevant cet édifice ! Ah ! vous avez réjoui son cœur paternel, vous avez adouci les amertumes que lui causent un trop grand nombre de ses enfants, et vous l'avez disposé par là à vous combler de ses bienfaits ! C'est ainsi qu'en cherchant les intérêts de Dieu, vous avez trouvé, comme il arrive toujours, vos propres intérêts.

II.

Considérons, en second lieu, ce que cette église est pour vous. Nous verrons que, sous ce rapport, elle est une source féconde d'avantages spirituels et temporels.

Dans l'ordre spirituel, l'église est le lieu où s'accomplissent les grands actes de la vie. Ici, en effet, nous naissons à la grâce, et nous recevons, par le plus précieux anoblissement, le titre et les droits d'enfants de Dieu. Ici, nous apprenons la science du salut, la véritable science de la vie. Ici, Dieu lui-même se donne à nous et dépose ainsi dans nos âmes

le germe de l'immortalité. Ici, les eaux salutaires de la pénitence nous sont toujours pré-
parées. Ici, l'Esprit-Saint nous est communi-
qué, avec ses dons ineffables. Ici, se donnent
les bénédictions qui rendent les unions saintes
et heureuses. Nous arrêterons-nous devant la
crainte de mêler, à la joie de cette fête, des
pensées de tristesse ? Non, mes Frères, car,
pour nous chrétiens, le souvenir de la mort est
une leçon salutaire. Disons-le donc, c'est d'ici
que la religion nous enverra ses consolations
suprèmes ; c'est ici que nous recevrons, dans
notre corps, les honneurs dus à une vie chré-
tienne et à la demeure d'une âme, et que,
par ses prières, l'épouse de Jésus-Christ hà-
tera, procurera notre bonheur. Oui, cette
église sera vraiment pour nous la porte du
ciel !

Et dans les intervalles de ces actes importants, que de biens spirituels n'y trouvons-
nous pas ! C'est ici que Jésus-Christ résidera
continuellement pour nous protéger. C'est ici
qu'il s'offrira tous les jours en sacrifice pour
nous. C'est ici que, les saints jours de dimanche et de fête, nous viendrons goûter auprès
de lui un saint repos ; lui rendre les hom-
mages de notre piété filiale ; écouter ses

enseignements salutaires, et nous ranimer pour retourner au saint accomplissement de nos devoirs. C'est ici qu'en toute circonstance, dans les joies et les peines, temporelles ou spirituelles, privées ou publiques, nous viendrons louer sa bonté et implorer sa miséricorde.

Eh bien ! cet édifice magnifique favorisera toutes ces saintes opérations. Ses vastes proportions vous permettront enfin de vous y réunir tous : avantage dont une longue privation vous a fait sentir le prix. Sa beauté imprimera aux actes importants de votre vie plus de grandeur et de dignité. Elle élèvera votre intelligence, agrandira vos cœurs, et vous disposera ainsi aux communications avec Dieu. Les cérémonies augustes de la religion s'y déployant avec plus de majesté, la dévotion pénètrera plus abondamment en vous par les sens, ces avenues de votre âme. La vertu de sa consécration solennelle vous purifiera de vos fautes légères, et excitera encore votre piété. Vous le voyez, tout ici se réunira pour votre sanctification, pour votre bonheur. Tout se réunira pour vous inspirer les sentiments qui faisaient dire au Roi-prophète : *Heureux, Seigneur, ceux qui habitent dans votre maison !*

Vous, qui avez la louable habitude de venir goûter ce bonheur, vous serez portés, par l'attrait de ce bel édifice, à vous le ménager plus souvent. Vous, qui aviez le malheur de vous négliger sur ce point, vous serez excités à vous dédommager. Et vous, qui êtes appliqués à un pénible labeur, ouvriers, que j'aperçois en si grand nombre, vous ne serez plus ennemis de vous-mêmes, jusqu'à vous infliger une funeste privation. Vous êtes venus ici en partie par dévotion, en partie peut-être par une curiosité d'ailleurs bien légitime ; oh ! puissiez-vous y être retenus, ramenés par l'intelligence de vos plus chers intérêts ! Assez longtemps, six grands jours de la semaine, vous êtes courbés vers la terre ; venez du moins ici, le dimanche, relever vos fronts vers le ciel. Assez longtemps vous épuisez vos forces par les soins donnés à la matière ; venez du moins, le dimanche, donner à votre corps un repos doublement nécessaire, et rendre à votre âme sa joie et sa vigueur, dans la prière et la participation à l'aliment de la vérité. Oui, assez longtemps vous respirez la fumée et la poussière ; venez du moins, le dimanche, respirer un air pur et sanctifiant, dans la maison de votre Père céleste !

Si maintenant nous passons à l'ordre temporel, que d'avantages cette église ne présente-t-elle pas encore aux particuliers et à toute la paroisse !

Afin de vous donner une idée de ce que cette église est, sous ce rapport, pour chacun de vous, je citerai un trait, qui se rattache à la construction de l'édifice et qui a laissé en moi une profonde impression. Un jour, j'étais venu visiter cette église, pour ma propre édification, et sans songer que j'aurais à vous en entretenir. Des personnages étrangers considéraient le portail, déjà à peu près achevé. Une pauvre femme s'approche d'eux, et, montrant l'édifice de son regard plein de joie et de fierté, elle leur dit : « C'est à nous cette église ! » Parole profonde, dans sa simplicité, et qui révèle, comme un éclair, le cœur du peuple ; parole que vous pouvez, que vous devez tous vous approprier. Oui, pauvres ou riches, petits ou grands, selon le monde, cette église magnifique est à vous ! Regardez-la attentivement, pour mieux estimer votre bonheur. En arrivant, voyez ce portail si élégant, cette tour si solide dans sa hardiesse, et cette flèche si svelte, qui s'élance, comme une prière fervente, vers le ciel. Franchissant le seuil, admirez cette nef majestueuse , qui rappelle avec bonheur celle de Saint-Remi ; voyez ce double transept , imité si heureusement de notre cathédrale inimitable ; voyez cette abside aérienne, qui verse dans l'enceinte sacrée des flots de lumière. Admirez la savante ordonnance de l'ensemble et l'habile disposition des parties, qui deviennent comme les membres d'un vaste corps; admirez la régularité, la pureté et l'harmonie des lignes ; la variété, la grâce et la perfection des détails! Il n'est pas jusqu'à la beauté des matériaux, qui, en procurant la solidité du monument, ne contribue à lui donner cet air d'élégance et de richesse, qui en forme le principal caractère. Et tout cela est à vous ! Vous avez attendu longtemps, il est vrai ; mais il faut encore vous en féliciter; car, si on eût mis la main à l'œuvre il y a trente ans, il y a vingt ans, il est à présumer que vous seriez affligés d'un de ces temples mesquins, lourds et sans distinction, comme on en bâtissait alors. Que vous êtes bien dédommagés ! Vous avez enfin une basilique que beaucoup de diocèses de France vous envieraient pour leur cathédrale. Oh! soyez-en saintement fiers ; réjouissez-vous de la posséder, et surtout jouissez-en véritablement, en venant fréquemment, dans la société de **vos** frères, vous y entretenir avec Dieu !

Un simple rapprochement va vous rendre sensibles les avantages temporels que cette église procure encore à toute la paroisse. Comparez votre ancienne et chétive église avec cette basilique magnifique, et vous aurez, dans la supériorité de celle-ci, comme la mesure des heureux changements qu'elle vous apporte. Cette église, en effet, relève, renouvelle, matériellement aussi bien que moralement, tout votre quartier. Au lieu de l'aspect triste et monotone qu'il offrait naguère, elle lui donne un aspect gracieux et distingué. L'espace s'est agrandi pour vous autour d'elle, et l'air y circule plus librement, au grand bénéfice de la santé publique. Voyez cette grille vraiment princière ; cette rue nouvelle, qui a reçu d'une affection ingénieuse un nom vénéré ; ces places, qui s'étendent devant le portail et au chevet de l'édifice : comme tout cela est grand, spacieux, magnifique ! Et ces embellissements en amèneront bien d'autres ; car l'église est toujours un centre autour duquel viennent se grouper les intérêts et les affections. De là aussi les propriétés environnantes, dans un certain rayon, se trouvent avoir acquis et

acquerront encore une plus grande valeur. Enfin votre quartier y gagne singulièrement en
réputation. Jusqu'ici, à part sa population si
nombreuse et si intéressante, il n'offrait rien
extérieurement qui pût attirer sur lui les re-
gards. L'édilité ne vous oubliait pas sans
doute, et elle vous en a donné une preuve
éclatante ; mais, dans les circonstances ordi-
naires, rien ne vous recommandait à son atten-
tion particulière. Pour les étrangers, votre
quartier était ignoré entièrement, et nul d'entre
eux ne songeait à s'en occuper. Eh bien ! grâce
à votre nouvelle église, les choses sont com-
plètement changées. Désormais, on pensera
plus souvent et plus efficacement à vous dans
la ville. Les personnages étrangers, les artistes,
les savants, qui viendront visiter les monuments dont Reims se glorifie à bon droit, ne
pourront pas se dispenser de visiter aussi
votre église, votre quartier. Vous aurez une
belle place dans leurs souvenirs ; ils parleront
de votre église avec estime, avec admiration ;
et vous comprenez parfaitement que, pour une
paroisse, pour un quartier, comme pour un in-
dividu, c'est un précieux avantage qu'une bonne
renommée. Oh ! vous pouvez dire à juste titre
de votre église, comme Salomon, de la sagesse,

que toutes sortes de biens vous sont venus avec elle !

Il est donc profondément vrai que cet édifice est une grande œuvre, pour Dieu et pour vous. *Opus grande est !* Ce jour, qui en voit l'achèvement et la consécration, ce jour tant désiré, est donc un jour heureux, un jour mémorable, pour la religion, pour cette paroisse, pour la cité tout entière. Pénétrés de ces sentiments, élevons d'abord nos cœurs vers le ciel, pour lui rendre tous ensemble de légitimes actions de grâce. Oui, soyez béni, ô mon Dieu, qui avez inspiré l'entreprise ! Soyez bénie, ô Marie, qui l'avez favorisée, puisqu'elle intéressait la gloire de votre divin Fils et notre bonheur ! Glorieux saint André, qui nous protégez, de concert, sans doute, avec votre frère, saint Pierre, le Prince des Apôtres, soyez béni ! Saints Pontifes, qui avez gouverné cette antique Eglise de Reims, et qui mettez encore une partie de votre bonheur à veiller sur elle, soyez bénis ! Saints et Saintes, qui avez passé ici en allant à Dieu, et qui nous aidez à nous montrer dignes de vous, soyez bénis ! — Ramenant mes pensées du ciel sur cette assemblée, je me ferai maintenant l'interprête de la reconnaissance des habitants de cette paroisse, et, à ce titre, je dirai, dans l'abondance de mon cœur : Illustre et vénéré Pontife, qui avez contribué si puissamment à cette œuvre, par vos exhortations, vos avis et votre munificence, et qui, remis à peine d'une longue maladie, sujet de tant d'inquiétudes, bravez apostoliquement la fatigue pour venir lui imprimer le sceau de la religion, tous les fidèles de la paroisse de Saint-André, vos enfants à jamais reconnaissants, vous remercient ! Représentants de la cité, et vous leur digne Chef, qui avez mûri l'entreprise dans vos conseils, et qui y avez pourvu avec une sage prodigalité, la paroisse de Saint-André vous remercie ! Ses habitants n'oublieront pas, non plus que leurs concitoyens, qu'avec une intelligence parfaite de votre mission, vous avez compris que Reims ne peut rien avoir de médiocre dans ses édifices religieux, et que vous avez élevé, à la satisfaction générale, un nouveau monument, qui suffirait à lui seul pour honorer une administration. Et vous, dignes prêtres, qui vous êtes succédé dans la direction de cette paroisse ; vous, qui avez appelé l'entreprise de vos vœux, et l'avez préparée, comme vous

allez l'inaugurer, par vos ferventes prières ;
vous, qui l'avez commencée avec un zèle infa-
tigable, et vous, qui l'achevez avec un géné-
reux dévouement, vos fidèles de Saint-André
vous remercient ! Et vous tous, qui avez contribué si libéralement, par vos offrandes, à la
construction et à l'embellissement de ce sanc-
tuaire, les fidèles de Saint-André vous remercient ! Vous, qui avez conçu et exécuté
le plan de cet édifice, dont la magnificence
met le sceau à votre renommée d'habile
architecte ; vous, artistes, ouvriers, qui vous
êtes employés à sa construction et à sa déco-
ration, la paroisse de Saint-André vous remercie ! Et vous tous, qui relevez, par votre
présence, l'éclat de cette cérémonie, membres du clergé, administrateurs, magistrats,
fonctionnaires, défenseurs de la patrie, défenseurs de nos demeures, citoyens de tous
les rangs, les habitants de Saint-André vous
remercient !

Que vous dirai-je, à votre tour, heureux
fidèles de cette paroisse ? Ah ! de concert avec
vos frères de cette assemblée, avec la ville
entière, je me réjouirai de votre bonheur et
je vous adresserai de cordiales félicitations.
Oui, je félicite les membres du conseil de

fabrique, je vous félicite tous, d'avoir si bien compris l'importance de l'œuvre qui se préparait pour vous, et d'y avoir concouru avec tant de zèle et de générosité !

Je ne terminerai pas sans indiquer du moins la récompense. Ah ! elle sera grande, puisqu'elle doit être proportionnée au mérite de l'entreprise. Oui, à vous tous qui y avez des droits, les hommes la donneront par la mémoire du cœur. Dieu, dès cette vie, la répandra sur vous en bénédictions ; et un jour, y mettant le comble, il vous dira : Vous m'avez préparé une demeure sur la terre, venez habiter mon palais céleste !

Reims, Imprimerie de P. DUBOIS, rue de l'Arbalète, 9.

www.ingramcontent.com/pod-product-compliance
Lightning Source LLC
Chambersburg PA
CBHW051207050726

47594CB00007B/3095